PISTEUR EN HERBE

PISTEUR EN HERBE
SUR LA TRACE DES ANIMAUX !

FREDERIC FOURCROY

PISTEUR EN HERBE
SUR LA TRACE DES ANIMAUX !

En application de l'art. L.137-2.-I. du code de la propriété intellectuelle, toute reproduction et/ou divulgation de parties de l'oeuvre dépassant le volume prévu par la loi est expressément interdite.

© Frédéric Fourcroy, 2025

Édition : BoD · Books on Demand, 31 avenue Saint-Rémy, 57600 Forbach, bod@bod.fr
Impression : Libri Plureos GmbH, Friedensallee 273, 22763 Hamburg (Allemagne)

ISBN : 978-2-3225-1639-1
Dépôt légal : Avril 2025

TABLE DES MATIERES

Un peu d'histoire..	I à V
Introduction...	1
PARTIE 1 : Les différentes catégories d'indices............................	4
1. Empreintes : lire le sol comme un livre...............................	5
A. Où et comment trouver des empreintes ?.....................	5
B. Identifier une empreinte : les critères à observer.............	6
C. Exemples d'empreintes courantes..................................	7
2. Fèces et urines : des indices riches en informations...............	8
A. Pourquoi s'intéresser aux excréments ?........................	8
B. Identifier les crottes : critères d'observation....................	9
C. Exemples de crottes selon les groupes d'animaux............	10
D. Urine et marquage olfactif...	11
E. Comment utiliser ces indices sur le terrain ?....................	11
3. Restes alimentaires et prédation : les indices d'un repas sauvage..	12
A. Pourquoi s'intéresser aux restes alimentaires ?...............	13
B. Différents types de restes alimentaires...........................	14
C. Où trouver ces indices ?..	15
D. Comment interpréter ces indices sur le terrain ?.............	15
E. Exercices pratiques et applications en sortie...................	16
4. Habitat inférieur : repérer les lieux de vie des animaux............	17
A. Pourquoi chercher les habitats inférieurs ?.....................	17
B. Les différents types d'habitats inférieurs........................	18
C. Où trouver ces indices ?..	19
D. Comment interpréter un habitat ?.................................	19
E. Respect et éthique en photographie animalière.............	20
F. Exercices et applications sur le terrain...........................	20
5. Poils, plumes et mues : les indices laissés par le corps des animaux...	21
A. Pourquoi s'intéresser aux poils, plumes et mues ?...........	22
B. Poils et traces de frottement..	22
C. Plumes : reconnaître l'oiseau qui les a laissées...............	23
D. Bois de cervidés : la mue annuelle des grands ongulés......	24
E. Mues de reptiles : traces d'un changement de peau........	24
F. Comment utiliser ces indices sur le terrain ?....................	25
G. Exercices pratiques et applications en sortie...................	25

PARTIE 2 : Où et comment chercher ?... **27**
   1. Comprendre les habitats et zones de passage......................... 28
      A. Les grands types d'habitats et leurs occupants.................... 28
      B. Identifier les zones de passage... 30
      C. Comment utiliser ces connaissances pour une sortie photo réussie ?... 31
      D. Exercices pratiques sur le terrain... 31
   2. Observer les chemins et passages d'animaux........................... 32
      A. Comprendre les chemins et passages................................. 33
      B. Où trouver ces chemins et passages ?................................ 34
      C. Comment analyser un passage ?... 34
      D. Techniques d'observation pour les photographes................ 35
      E. Exercices pratiques sur le terrain... 36

PARTIE 3 : Utilisation de la lumière et des conditions météo............ **37**
   1. L'impact de la lumière sur le pistage... 38
      A. Lumière rasante du matin et du soir.................................... 38
      B. Lumière du milieu de journée.. 39
      C. Période nocturne et crépusculaire....................................... 39
   2. L'influence des conditions météo sur la recherche d'indices..... 40
      A. Après la pluie.. 40
      B. En hiver et sur la neige... 41
      C. Par temps sec et chaud.. 41
      D. Par grand vent.. 42
   3. Adapter sa stratégie d'observation et de photographie selon la lumière et la météo... 43
   4. Exercices pratiques sur le terrain... 44
   Conclusion.. 44

PARTIE 4 : Technique photo et observation...................................... **45**
   1. Matériel adapté à l'observation.. 46
      A. Jumelles et longues-vues... 46
      B. Lampe frontale et torche... 47
      C. Carnet de terrain et GPS.. 47
      D. Caméra piège... 48
   2. Matériel photographique pour la faune et les indices................ 49
      A. Appareil photo et objectifs.. 49
      B. Accessoires indispensables.. 50
   3. Adaptation du matériel aux conditions de terrain...................... 51
      A. En forêt et sous-bois... 51
      B. En plaine et en prairie... 52
      C. En montagne et milieux escarpés.. 52
      D. En milieu aquatique et humide... 53

4. Exercices pratiques pour maîtriser le matériel............................	54
Conclusion..	55

PARTIE 5 : Techniques d'approche et de discrétion........................... **57**
- 1. Comprendre le comportement animal pour mieux approcher... 58
- 2. La règle des trois sens : Vue, Ouïe, Odorat............................... 59
  - A. La vue : éviter d'être repéré.. 59
  - B. L'ouïe : se déplacer silencieusement.................................... 60
  - C. L'odorat : rester indétectable.. 60
- 3. Méthodes d'approche selon le terrain.. 61
  - A. Approche en milieu forestier... 61
  - B. Approche en plaine ou prairie.. 61
  - C. Approche en zone humide ou marais.................................. 62
  - D. Approche en montagne.. 62
- 4. Techniques d'immobilité et d'attente (l'affût).............................. 63
  - A. Les bases de l'affût.. 63
  - B. Types d'affût.. 64
- 5. Savoir quand interrompre une approche................................... 65
- 6. Exercices pratiques pour s'entraîner à l'approche..................... 66
- Conclusion.. 66

PARTIE 6 : Pièges photographiques et applications libres................. **67**
- 1. Les pièges photographiques : un outil d'observation discret..... 68
  - A. Comment fonctionne un piège photo ?................................. 68
  - B. Où et comment placer un piège photo ?.............................. 69
  - C. Avantages et limites des pièges photo................................. 70
- 2. Applications libres pour la recherche d'indices et l'identification de la faune... 71
  - A. Applications libres recommandées....................................... 71
  - B. Intégrer les applications dans une sortie photo.................... 72
- 3. Cas pratique : combiner pièges photo et applications............... 73
- Conclusion.. 74

CONCLUSION: De la théorie à la pratique, une immersion au cœur de la nature.. **75**
- 1. La sortie terrain : explorer et décrypter les indices.................... 76
- 2. Analyse et bilan des découvertes.. 77
- 3. Une approche responsable et éthique....................................... 78
  - A. Respecter la faune et son environnement............................ 78
  - B. Adopter une éthique en photographie animalière................. 79
  - C. Contribuer à la protection de la faune.................................. 79
- 4. Vers de nouvelles explorations.. 80

UN PEU D'HISTOIRE

Le pistage des animaux, c'est-à-dire l'art d'interpréter les traces et indices laissés par la faune, est une pratique aussi ancienne que l'humanité. Autrefois essentielle à la survie, elle est aujourd'hui un outil scientifique, un moyen de conservation des espèces et un loisir passionnant.

LES ORIGINES DU PISTAGE : UN OUTIL DE SURVIE

Le pistage, un savoir essentiel pour les premiers humains

Les premiers Homo sapiens étaient avant tout des cueilleurs, se nourrissant principalement de fruits, de racines, de graines et d'insectes. Cependant, la chasse représentait un complément important pour leur alimentation, leur apportant des protéines et des graisses nécessaires à leur survie, surtout dans les environnements où les ressources végétales étaient limitées.

Le pistage jouait alors un rôle clé, non seulement pour traquer du gibier, mais aussi pour éviter les prédateurs et mieux comprendre leur environnement. Observer les empreintes, les excréments ou les traces de passage d'un animal permettait de savoir si un prédateur rôdait dans la région, d'anticiper la présence de troupeaux et même de localiser des sources d'eau.

Cette capacité d'observation et d'analyse des indices naturels a donc été un atout majeur dans l'évolution humaine, bien au-delà de la seule chasse. Elle a favorisé le développement de compétences cognitives avancées, comme la mémoire, la déduction et la communication au sein du groupe.

Les San du Kalahari : des maîtres du pistage

Encore aujourd'hui, certaines tribus, comme les San du désert du Kalahari (Afrique australe), pratiquent un pistage exceptionnel. Ils savent différencier les empreintes vieilles de quelques heures de celles datant de plusieurs jours, et peuvent même déterminer l'état de santé et le comportement de l'animal suivi.

DE LA CHASSE À LA GUERRE : L'ÉVOLUTION DU PISTAGE DANS L'ANTIQUITÉ

Le pistage dans les grandes civilisations

Avec l'émergence des premières civilisations (Égypte, Mésopotamie, Grèce, Rome), le pistage devient un art associé à la chasse et à la guerre.
- Les Égyptiens utilisaient des techniques de pistage pour capturer du gibier dans le désert.
- Les Romains entraînaient des éclaireurs capables de repérer les mouvements des ennemis à partir de traces au sol.
- Les Amérindiens perfectionnaient le pistage pour la chasse, mais aussi pour éviter leurs poursuivants ou tendre des embuscades.

MOYEN ÂGE ET RENAISSANCE : LE PISTAGE CODIFIÉ

L'essor de la vénerie et des traités de chasse

À partir du Moyen Âge, le pistage devient un savoir noble, en particulier en Europe avec la vénerie (chasse à courre). Des ouvrages comme le célèbre "Livre de Chasse" de Gaston Phébus (XIVe siècle) codifient la manière d'analyser les traces et les signes de présence des animaux.

Dans ces traités, on retrouve des descriptions détaillées des empreintes de cerfs, sangliers et loups, accompagnées de conseils pour les traquer.

L'ÉPOQUE MODERNE : DU PISTAGE EMPIRIQUE À LA SCIENCE

Le pistage devient un outil scientifique

Avec le développement de la zoologie au XIXe siècle, des naturalistes comme Charles Darwin et Alfred Russel Wallace commencent à observer les animaux non plus seulement pour les chasser, mais pour les étudier. Le pistage devient une méthode d'observation et de compréhension des écosystèmes.

Des explorateurs comme Ernest Thompson Seton (un des premiers à documenter les techniques de pistage indigènes) et des photographes animaliers utilisent ces connaissances pour observer sans perturber la faune.

AUJOURD'HUI : LE PISTAGE AU SERVICE DE LA CONSERVATION ET DU LOISIR

Suivi des espèces menacées

Aujourd'hui, le pistage est un outil fondamental pour les biologistes et les écologistes. Il permet de suivre les populations de loups, lynx et autres espèces menacées en étudiant leurs empreintes, leurs excréments et les marques sur les arbres.
Les colliers GPS ont certes facilité le suivi des animaux, mais le pistage traditionnel reste indispensable, notamment pour repérer les interactions entre espèces et leur état de santé.

Un loisir accessible à tous

Le pistage est aussi devenu une activité éducative et de loisirs.
- De nombreux guides naturalistes proposent des randonnées de pistage pour observer les animaux sauvages.
- Le bushcraft et la survie incluent souvent des formations au pistage.
- Des photographes animaliers utilisent ces techniques pour s'approcher des espèces sans les déranger.

Utilisation dans la sécurité et la recherche

- Certaines unités spécialisées (armée, police) utilisent encore le pistage pour traquer des individus ou retrouver des personnes disparues en forêt.

CONCLUSION

Le pistage des animaux a traversé les âges, passant d'un outil de survie à une discipline scientifique et un loisir moderne. Qu'il s'agisse d'étudier la faune, de protéger les espèces menacées ou simplement de mieux comprendre la nature lors d'une balade, cette pratique ancestrale garde toute sa pertinence.

PETITE NOTE AVANT DE PARTIR EN EXPLORATION

Les photos d'illustration ne donneront pas forcément le nom exact de l'animal qui a laissé sa trace. Et c'est normal !

Le but de cet atelier, c'est d'apprendre à observer et à interpréter les indices laissés par la faune.

Lors du cours sur le terrain, je vous aiderai à identifier ce que nous trouvons ensemble. Ce guide, lui, se veut pratique et utile, sans être surchargé d'identifications détaillées.

Il existe déjà de nombreux ouvrages très bien faits pour ça, et je vous en recommanderai quelques-uns ainsi que des applications pour aller plus loin.

Alors ouvrez l'œil, faites vos propres hypothèses… et surtout, amusez-vous !

INTRODUCTION

BIENVENUE DANS "PISTEURS EN HERBE !"

Un atelier immersif qui va transformer votre façon d'explorer la nature !

L'objectif ? Apprendre à repérer et interpréter les indices laissés par les animaux pour mieux les observer… et les photographier. Que vous soyez passionné de faune, amateur de photo nature ou simplement curieux, ce cours vous donnera les clés pour devenir un véritable pisteur.

Accompagné par un photographe naturaliste, vous découvrirez comment lire la nature autrement, anticiper la présence des animaux et maximiser vos chances de rencontres sauvages.

POURQUOI CHERCHER LES INDICES ?

La nature est un livre ouvert, mais encore faut-il savoir le lire ! La plupart des animaux sont discrets, actifs aux heures où nous ne sommes pas là, ou tout simplement experts en camouflage. Mais ils laissent des traces : empreintes, crottes, poils, restes de repas, terriers… Autant d'indices précieux qui révèlent leur présence et leur mode de vie.

CHERCHER CES INDICES, C'EST :

✅ Voir l'invisible : repérer des animaux sans même les croiser.
✅ Comprendre leurs habitudes : savoir où ils dorment, ce qu'ils mangent, où ils passent.
✅ Préparer son approche photo : anticiper les bons endroits et les meilleurs moments.
✅ Développer son esprit d'observation : affiner son regard et sa connexion à la nature.

Dans ce cours, nous allons apprendre à traquer sans déranger, à être attentif aux moindres détails et à utiliser ces indices pour enrichir notre expérience en pleine nature. Préparez-vous à ouvrir l'œil et à jouer aux détectives du sauvage !

L'IMPORTANCE POUR LE PHOTOGRAPHE

Pour un photographe animalier, la clé d'une bonne photo, c'est l'anticipation. Un animal ne pose pas devant l'objectif : il faut savoir où et quand le chercher. Les indices laissés sur le terrain sont une carte vivante qui permet de comprendre le comportement des animaux et de se positionner au bon endroit, au bon moment.

👉 Gagner du temps : plutôt que d'attendre au hasard, savoir repérer les zones fréquentées.
👉 Choisir le bon matériel : selon les indices trouvés, adapter l'objectif, l'angle et la distance.
👉 Être discret et respectueux : connaître les habitudes des animaux permet d'éviter de les déranger et de maximiser ses chances de capturer une belle scène.

Un bon photographe naturaliste est avant tout un excellent pisteur. En maîtrisant la lecture des traces et indices, vous pourrez immortaliser des moments rares et intenses, tout en développant une approche plus éthique et immersive de la photographie animalière.

Partie 1
LES DIFFÉRENTES CATÉGORIES D'INDICES

Dans la nature, chaque animal laisse des signes de son passage. Ces indices permettent non seulement de confirmer la présence d'une espèce, mais aussi d'en apprendre davantage sur son comportement.

On peut les regrouper en plusieurs grandes catégories

Empreintes : traces laissées par les pattes ou sabots sur le sol.

Fèces et urines : crottes, marquages odorants.

Restes alimentaires et prédation : os, plumes, fruits rongés.

Habitat et terriers : lieux de vie, nids, abris.

Poils, plumes et mues : éléments corporels laissés par les animaux.

1. EMPREINTES : LIRE LE SOL COMME UN LIVRE

Les empreintes sont souvent le premier indice que l'on cherche sur le terrain. Elles permettent d'identifier l'espèce, d'estimer sa taille, sa direction et parfois même son état d'esprit (calme, en fuite, en quête de nourriture).

A. OÙ ET COMMENT TROUVER DES EMPREINTES ?

Types de sols favorables : boue, sable, neige, terre humide.

Meilleurs moments pour observer : après la pluie, tôt le matin ou en fin de journée quand la lumière rase le sol.

ASTUCE

utiliser une lampe ou une source de lumière rasante pour mieux voir les reliefs des empreintes.

B. IDENTIFIER UNE EMPREINTE : LES CRITÈRES À OBSERVER

Forme générale : sabots, coussinets, doigts griffus ou non.

Nombre de doigts :
    2 doigts : ongulés (chevreuil, cerf, sanglier).
    4 doigts visibles : carnivores (renard, blaireau, loup).
    5 doigts : mustélidés (loutre, fouine).

Présence ou absence de griffes :
    Griffes visibles : canidés (renard, loup, chien).
    Griffes rétractées, donc absentes : félins (chat sauvage, lynx).

Taille et proportions :
    Comparer avec une référence (main, pièce de monnaie, règle).

Disposition des empreintes sur le sol :
    Allure (pas, trot, galop), direction.

C. EXEMPLES D'EMPREINTES COURANTES

Ongulés (chevreuil, cerf, sanglier) :
2 larges doigts en forme de cœur, parfois des traces des pinçons à l'arrière.

Carnivores (renard, blaireau, loup) :
Coussinets bien marqués, présence ou absence de griffes.

Rongeurs et petits mammifères :
Petites empreintes à 4 ou 5 doigts, souvent regroupées.

Oiseaux :
Empreintes en forme de Y (corvidés),
ou palmées (canards, hérons).

2. FÈCES ET URINES : DES INDICES RICHES EN INFORMATIONS

Les excréments des animaux sont des indices essentiels pour identifier une espèce et comprendre son mode de vie. La taille, la forme, la texture et le contenu des crottes permettent d'en apprendre beaucoup sur l'alimentation, la présence et même l'état de santé d'un animal.

L'urine, bien que plus difficile à observer directement, joue un rôle clé dans le marquage du territoire et la communication entre individus.

A. POURQUOI S'INTÉRESSER AUX EXCRÉMENTS ?

✅ **Identifier une espèce :**
   chaque animal produit des excréments caractéristiques.

✅ **Déterminer son régime alimentaire :**
   carnivore, herbivore, omnivore.

✅ **Repérer les zones de passage :**
   les animaux ont souvent des latrines fixes.

✅ **Comprendre leur comportement :**
   marquage du territoire, stress, reproduction.

B. IDENTIFIER LES CROTTES : CRITÈRES D'OBSERVATION

Taille et forme
Allongée et torsadée   carnivores (renard, loutre).
Rondes et petites   rongeurs (campagnols, lièvres).
Cylindriques et segmentées   cervidés (chevreuil, cerf).
Massives et humides   sanglier.

Texture et couleur
Fraîches : plus humides et foncées.
Sèches : plus dures et claires, se décomposent en fibres

Contenu visible
Poils, os, plumes   carnivores.
Graines, fruits   omnivores (blaireau, ours).
Fibres végétales   herbivores (lapin, chevreuil).

C. EXEMPLES DE CROTTES SELON LES GROUPES D'ANIMAUX

Ongulés (cerf, chevreuil, sanglier)
Crottes en forme de haricots ou de billes.
Dispersées (chevreuil, cerf) ou en tas (sanglier).

Carnivores (renard, blaireau, loup)
Forme allongée, souvent torsadée.
Présence de poils, os, noyaux de fruits.
Déposées en évidence (pierres, sentiers) pour le marquage territorial.

Rongeurs et lagomorphes (lièvre, lapin, campagnol)
Petites crottes rondes et sèches.
Parfois regroupées en latrines (lapins).

Oiseaux
Mélange blanc (acide urique) et sombre (résidus alimentaires).
Formes variables selon le régime alimentaire.

D. URINE ET MARQUAGE OLFACTIF

L'urine est utilisée par de nombreux animaux pour marquer leur territoire et communiquer avec leurs congénères. Elle est souvent déposée sur des supports visibles (tronc d'arbre, pierre, herbe).

Indices liés à l'urine :
  Taches sombres sur le sol ou la neige :
    visibles chez les ongulés, carnivores.

  Odeur forte :
    caractéristique chez les renards et blaireaux.

  Mélange urine + excréments :
    chez certains mustélidés pour renforcer le marquage.

E. COMMENT UTILISER CES INDICES SUR LE TERRAIN ?

📌 Observer les sentiers et lieux de passage.

📌 Repérer les excréments en hauteur (sur des rochers, troncs) = marquage territorial.

📌 Ne pas toucher directement, utiliser un bâton ou des gants.

📌 Tenir compte de la fraîcheur pour estimer le passage récent d'un animal.

3. RESTES ALIMENTAIRES ET PRÉDATION : LES INDICES D'UN REPAS SAUVAGE

Les animaux laissent derrière eux des traces de leurs repas (os rongés, fruits entamés, plumes éparpillées…) Ces indices permettent d'identifier le prédateur ou le consommateur et de mieux comprendre la chaîne alimentaire.

Dans cette section, nous allons voir comment reconnaître ces signes et interpréter qui a mangé quoi !

A. POURQUOI S'INTÉRESSER AUX RESTES ALIMENTAIRES ?

✅ **Identifier l'espèce responsable :**
   herbivore, omnivore, carnivore ?

✅ **Comprendre le régime alimentaire :**
   ce qu'ils consomment selon les saisons.

✅ **Suivre les comportements de chasse et d'alimentation :**
   type de proie, techniques de prédation.

✅ **Repérer les zones de nourrissage :**
   lieux où les animaux viennent régulièrement manger.

B. DIFFÉRENTS TYPES DE RESTES ALIMENTAIRES

Fruits et graines rongés
   Coques cassées net
        Écureuil : coupe nette, souvent en spirale.
   Coques grignotées en dents de scie
        Rongeurs (mulots, campagnols).
   Graines ouvertes brutalement
        Oiseaux granivores (mésanges, pinsons).
   Pommes ou baies entamées
        Renards, blaireaux, cerfs.

Os et carcasses
   Os brisés et moelle extraite
        Canidés (loup, renard, chien).
   Petits os grignotés ou percés
        Mustélidés (fouine, belette).
   Restes d'os propres, sans traces de dents
        Rapaces (aigle, b*use).*
   Duvet collé aux os, morsures fines
        Chat sauvage ou renard.

Plumes et traces de prédation sur oiseaux
   Plumes coupées nettes
        Rapaces diurnes (buse, faucon).
   Plumes arrachées avec traces de dents
        Mammifères (renard, martre).
   Pelotes de réjection (amas de poils, os, élytres d'insectes)
        Rapaces nocturnes (chouette, hibou).

Restes de poissons et coquillages
   Écailles et arêtes propres
        Loutre, héron, balbuzard pêcheur.
   Coquilles cassées en bord de rivière
        Rat musqué, ragondin.

C. OÙ TROUVER CES INDICES ?

📌 **Sous les arbres et buissons :** restes de repas laissés par écureuils, geais.

📌 **Près des points d'eau :** carcasses de poissons, coquilles vides.

📌 **Le long des sentiers forestiers :** restes de rongeurs et oiseaux chassés.

📌 **À proximité des terriers et nids :** accumulation de restes alimentaires.

D. COMMENT INTERPRÉTER CES INDICES SUR LE TERRAIN ?

🔍 **Observer la propreté des restes :** un os bien nettoyé a été consommé par un rapace ou un renard, tandis qu'un os brisé avec moelle extraite indique un grand carnivore.

🔍 **Étudier la disposition des plumes :** si elles sont arrachées en tas, il s'agit d'un prédateur terrestre, tandis qu'un rapace laisse souvent les plumes dispersées.

🔍 **Identifier les marques de dents :** un rongeur laisse des traces de grignotage fines et régulières, un carnivore produit des fractures plus nettes.

E. EXERCICES PRATIQUES ET APPLICATIONS EN SORTIE

🎯 **Jeu d'enquête** : analyser une scène de repas et deviner l'animal responsable.

📷 Photographier et comparer les restes trouvés avec un guide d'identification.

🦉 Disséquer une pelote de réjection pour découvrir les proies d'un rapace nocturne.

4. HABITAT INFÉRIEUR : REPÉRER LES LIEUX DE VIE DES ANIMAUX

L'habitat inférieur regroupe tous les indices liés aux lieux de repos, d'abri et de reproduction des animaux. Il s'agit des terriers, nids au sol, coulées, gîtes et autres refuges souvent bien dissimulés dans la nature. Ces indices sont précieux pour comprendre où vivent les animaux et où les observer sans les déranger.

A. POURQUOI CHERCHER LES HABITATS INFÉRIEURS ?

- ✅ **Identifier les zones fréquentées :**
   terriers actifs, nids occupés.

- ✅ **Reconnaître les habitudes des espèces :**
   lieux de repos, de reproduction.

- ✅ **Photographier discrètement :**
   savoir où et comment approcher les animaux.

- ✅ **Éviter les dérangements :**
   respecter la faune en adaptant son comportement.

B. LES DIFFÉRENTS TYPES D'HABITATS INFÉRIEURS

Les terriers et galeries
   Grand terrier avec plusieurs entrées, sol propre
      Blaireau.
   Terrier avec ossements, odeur forte
      Renard (gîte familial).
   Petit trou discret, bord terreux frais
      Campagnol, mulot.
   Terrier dans une berge, entrée semi-aquatique
      Loutre, ragondin.

Les nids au sol et gîtes de repos
   Nid d'herbes aplaties dans un champ
      Chevreuil, lièvre.
   Zone de mousse piétinée sous un arbre
      Sanglier (bain de boue à proximité).
   Petit amas de plumes et herbes sèches
      Nid de faisan ou perdrix.

Les coulées et traces de passage
   Sentier étroit bien marqué dans l'herbe
      Chevreuil, sanglier.
   Coulée boueuse au bord d'un point d'eau
      Loutre, ragondin.
   Herbes couchées et branches frottées
      Cerf en période de rut.

C. OÙ TROUVER CES INDICES ?

📌 **Lisières de forêts et prairies** : terriers de renards, blaireaux.

📌 **Proximité des points d'eau** : coulées de ragondins, traces de loutres.

📌 **Sous les haies et buissons** : gîtes de lièvres, nids d'oiseaux au sol.

📌 **Forêts denses et talus** : zones de repos des cervidés et sangliers.

D. COMMENT INTERPRÉTER UN HABITAT ?

🔍 **Observer l'état du terrier** : sol frais = terrier actif, sol effondré = abandonné.

🔍 **Rechercher des traces associées** : empreintes, crottes, restes alimentaires.

🔍 **Vérifier la taille et la disposition des entrées** : plusieurs entrées = blaireau, une seule = renard.

🔍 **Être attentif aux odeurs** : une forte odeur indique un usage régulier (ex : urine de renard).

E. RESPECT ET ÉTHIQUE EN PHOTOGRAPHIE ANIMALIÈRE

Ne jamais déranger un terrier ou un nid :
les animaux peuvent abandonner leur site.

Observer à distance et utiliser des jumelles :
limiter l'impact humain.

Photographier les indices sans altérer l'environnement :
éviter de piétiner les zones sensibles.

F. EXERCICES ET APPLICATIONS SUR LE TERRAIN

🔍 Suivre une coulée et identifier son utilisateur (photos, empreintes).

🏠 Trouver un terrier actif et analyser les indices autour (crotte, traces).

📷 Photographier un habitat sans le perturber (respect des distances).

5. POILS, PLUMES ET MUES : LES INDICES LAISSÉS PAR LE CORPS DES ANIMAUX

Les animaux perdent naturellement des fragments de leur corps au fil du temps : poils, plumes, bois de cervidés, mues de reptiles… Ces éléments sont des indices précieux pour identifier les espèces et comprendre leur cycle de vie.

Apprendre à reconnaître ces traces permet de repérer les lieux de passage, les sites de repos ou encore les comportements saisonniers des animaux.

A. POURQUOI S'INTÉRESSER AUX POILS, PLUMES ET MUES ?

✅ **Identifier l'espèce :**
   chaque poil ou plume a une forme et une texture spécifiques.

✅ **Déterminer la période de l'année :**
   mue saisonnière, renouvellement des bois.

✅ **Repérer les zones de passage :**
   les poils accrochés révèlent des lieux de frottement.

✅ **Analyser les comportements :**
   parades nuptiales, luttes territoriales, prédation.

B. POILS ET TRACES DE FROTTEMENT

Où trouver des poils ?
   Sur les troncs d'arbres et arbustes :
      cervidés, sangliers se frottent contre l'écorce.
   Sur les clôtures et barbelés :
      passage de renards, blaireaux, chevreuils.
   Au sol, près des terriers et gîtes :
      poils de renard, blaireau, lièvre.

Reconnaître un poil selon son aspect
   Court, épais et foncé   Sanglier.
   Long, fin et brun-roux   Renard.
   Duvet grisâtre et souple   Loup ou chien.
   Poil rigide bicolore (noir et blanc)   Blaireau.

C. PLUMES : RECONNAÎTRE L'OISEAU QUI LES A LAISSÉES

Où trouver des plumes ?
   Sous les perchoirs et dortoirs :
      rapaces, corvidés.
   Sur les lieux de prédation :
      restes de repas de renards ou de rapaces.
   Près des nids abandonnés :
      période de mue ou envol des jeunes.

Comment identifier une plume ?
   Grande plume rigide avec bord tranchant   Aile (vol).
   Plume plus souple et large   Queue (équilibre).
   Duvet léger et fin   Plumes de corps (isolation thermique).

Plumes et prédateurs : interpréter les indices
   Plumes coupées nettes
      Oiseau de proie diurne (buse, faucon).
   Plumes arrachées et dispersées
      Mammifère prédateur (renard, fouine).
   Pelotes de réjection contenant des plumes
      Chouettes et hiboux.

D. BOIS DE CERVIDÉS : LA MUE ANNUELLE DES GRANDS ONGULÉS

Pourquoi les cervidés perdent-ils leurs bois ?
Les cerfs, chevreuils et daims perdent leurs bois chaque année après le rut.
Les nouveaux bois repoussent progressivement, recouverts d'un velours vascularisé.

Où trouver des bois tombés ?
Lisières de forêts et clairières :
zones de nourrissage.
Proximité des arbres et buissons frottés :
indices de chute récente.
Pistes et coulées fréquentées :
passage des mâles en fin d'hiver.

E. MUES DE REPTILES : TRACES D'UN CHANGEMENT DE PEAU

Pourquoi les reptiles muent-ils ?
Pour grandir et renouveler leur épiderme.
Pour se débarrasser des parasites et impuretés.

Où trouver des peaux de mue ?
Sous les pierres et souches : serpents, lézards.
Dans les murs ensoleillés : abris à reptiles.
Près des points d'eau : couleuvres en mue.

F. COMMENT UTILISER CES INDICES SUR LE TERRAIN ?

🔍 Photographier et comparer avec un guide pour identifier les espèces.

🔍 Chercher les frottis sur les arbres et repérer les traces de bois tombés.

🔍 Analyser les plumes trouvées pour savoir si elles proviennent d'un oiseau mort ou d'une simple mue.

G. EXERCICES PRATIQUES ET APPLICATIONS EN SORTIE

🎯 **Jeu d'identification :**
poils et plumes à analyser avec une loupe.

📷 Photographier des indices
et les comparer aux guides naturalistes.

🦌 Chercher des bois tombés
et repérer les traces de frottement sur les arbres.

Partie 2
OÙ ET COMMENT CHERCHER ?

Pour trouver des traces et indices d'animaux, il est essentiel de comprendre leurs habitats et leurs déplacements.

Cette section vous aidera à savoir où chercher et comment interpréter les lieux pour maximiser vos observations sur le terrain.

1. COMPRENDRE LES HABITATS ET ZONES DE PASSAGE

Chaque espèce occupe un milieu spécifique, influencé par la nourriture, l'eau, le couvert végétal et la sécurité. Connaître ces éléments permet de prédire où trouver les animaux et leurs indices.

A. LES GRANDS TYPES D'HABITATS ET LEURS OCCUPANTS

🌳 **Forêts et sous-bois** 🌳

Cerf, chevreuil, sanglier : cherchent refuge et nourriture.

Renard, blaireau : creusent leurs terriers en lisière.

Écureuil, martre : habitent les arbres, laissent des restes alimentaires (noix, plumes).

Indices à chercher : empreintes dans la boue, frottis sur les arbres, terriers, restes alimentaires.

🌿 Prairies et champs cultivés 🌿

Lièvre, lapin, campagnol : zones de pâturage et de cachettes.

Rapaces diurnes (buse, faucon) : chasseurs à l'affût des petits mammifères.

Indices à chercher : crottes, galeries souterraines, plumes, zones d'herbe aplatie (repos).

💧 Marais, rivières et plans d'eau 💧

Loutre, ragondin, castor : vivent sur les berges, creusent terriers semi-aquatiques.

Oiseaux d'eau (hérons, canards, etc..) : laissent des empreintes et plumes.

Indices à chercher : coulées boueuses, excréments sur les rochers, restes de poissons, empreintes sur le sable.

⛰️ Zones rocheuses et falaises ⛰️

Chouette, faucon, aigle : nichent sur les parois rocheuses.

Bouquetin, chamois : évoluent sur les pentes abruptes.

Indices à chercher : pelotes de réjection, fientes sur les rebords, crottes de grands herbivores.

🏙️ Milieux urbains et périurbains 🏙️

Renard, fouine, rat, pigeon : adaptabilité aux zones humaines.

Indices à chercher : empreintes sur la boue ou la neige, restes de repas, poils accrochés aux clôtures.

B. IDENTIFIER LES ZONES DE PASSAGE

Les animaux suivent des chemins préférentiels pour se déplacer en sécurité et avec efficacité. Ces coulées sont des pistes discrètes que l'on peut apprendre à repérer.

Sentiers et coulées bien marquées
   - Traces visibles dans l'herbe, la boue ou la neige.
   - Fréquentées par les ongulés (chevreuils, cerfs, sangliers).

Passages sous les clôtures et barbelés
   - Poils accrochés = mammifères (renard, blaireau, sanglier).
   - Empreintes au sol = passages fréquents.

Traversées de routes et chemins forestiers
   - Zones de danger pour la faune, où l'on retrouve parfois des poils ou des plumes.

Berges et abords des points d'eau
   - Boue marquée d'empreintes (loutre, cerf, blaireau).
   - Coulées de ragondins et castors menant aux zones d'alimentation.

C. COMMENT UTILISER CES CONNAISSANCES POUR UNE SORTIE PHOTO RÉUSSIE ?

- *Faire du repérage en amont :*
  analyser les cartes, les zones boisées et les cours d'eau.

- *Marcher lentement et observer le sol :*
  détecter les empreintes et excréments.

- *Repérer les frottis sur les arbres et les clôtures :*
  signes de passage répété.

- *Ne pas négliger les odeurs :*
  urine, crottes fraîches, marquage territorial.

D. EXERCICES PRATIQUES SUR LE TERRAIN

- Suivre une coulée et identifier les indices laissés (poils, empreintes, crottes).

- Trouver un habitat et documenter ses traces (photos, croquis).

- **Jeu d'enquête :**
  analyser une scène et deviner quels animaux sont passés.

2. OBSERVER LES CHEMINS ET PASSAGES D'ANIMAUX

Les animaux utilisent des itinéraires précis et répétés pour se déplacer entre leurs zones de repos, d'alimentation et d'eau.

Ces chemins, appelés coulées, sont des indices précieux pour les observateurs et les photographes.

Apprendre à les repérer et à les analyser permet de comprendre les déplacements des espèces et d'anticiper leur présence pour une observation discrète et efficace.

A. COMPRENDRE LES CHEMINS ET PASSAGES

Les animaux privilégient toujours les chemins les plus sûrs et efficaces.

Ils évitent les obstacles inutiles et suivent des itinéraires stratégiques.

On distingue plusieurs types de passages :

Les coulées animales
Sentiers étroits et bien marqués par le passage répété des animaux.
Fréquemment utilisés par les cervidés, les sangliers, les renards, et les petits rongeurs.
Visibles sous forme d'herbes couchées, de terre battue ou de neige tassée.

Les traces de traversée
Empruntées pour franchir des routes, des rivières ou des haies.
Souvent bordées d'empreintes, de poils accrochés ou de crottes.
Indiquent des lieux de passage stratégiques pour la photographie animalière.

Les passages sous les barrières et clôtures
Sangliers, blaireaux et renards creusent sous les clôtures.
On y trouve des empreintes et des touffes de poils coincées dans le grillage.

Les chemins forestiers et agricoles
Larges et dégagés, utilisés par les grands mammifères mais aussi par les humains.
Souvent traversés par des coulées animales plus discrètes.
Zones où l'on peut observer les animaux tôt le matin ou en fin de journée.

B. OÙ TROUVER CES CHEMINS ET PASSAGES ?

- **Lisières de forêts et prairies** :
  zones de transition où les animaux se déplacent fréquemment.
- **Abords des points d'eau** :
  les animaux reviennent régulièrement s'abreuver.
- **Sous les haies et buissons** :
  refuges idéaux pour les petits mammifères et oiseaux.
- **Le long des clôtures et murets** :
  obstacles naturels qui concentrent les passages.
- **Proximité des cultures** :
  zones de nourrissage pour les cervidés et les sangliers.

C. COMMENT ANALYSER UN PASSAGE ?

Observer l'état du sol
  Boue ou neige tassée
    Passage récent et fréquent.
  Herbe couchée, feuilles dispersées
    Passage régulier.
  Sentier bien marqué dans la végétation
    Utilisation sur le long terme.

Chercher des indices complémentaires
  Empreintes fraîches
    Confirme le passage d'animaux récents.
  Crottes et urines
    Indiquent la présence et le régime alimentaire des espèces
  Poils accrochés aux branches ou grillages
    Identifier l'espèce qui est passée.

Analyser la largeur du chemin
    Large et dégagé
        Cerfs, sangliers, chevreuils.
    Étroit et discret
        Renards, blaireaux, lièvres, petits rongeurs.
    Passage aérien (branches cassées, fientes)
        Oiseaux, écureuils, martres.

D. TECHNIQUES D'OBSERVATION POUR LES PHOTOGRAPHES

🔍 **Observer en contre-jour** : les coulées sont plus visibles avec une lumière rasante.

👣 **Suivre les empreintes avec précaution** : marcher lentement pour ne pas effacer les traces.

📷 **Positionner des pièges photographiques** : capturer les animaux sur leurs passages réguliers.

⏳ **Revenir aux heures stratégiques** : tôt le matin et en fin de journée pour maximiser ses chances d'observation.

E. EXERCICES PRATIQUES SUR LE TERRAIN

🎯 **Trouver une coulée et analyser les indices :**
   largeur, empreintes, poils, crottes.

📍 **Cartographier les passages dans une zone donnée :**
   noter les traversées et les endroits stratégiques.

📷 **Poser un appareil photo en affût :**
   tester les différents angles pour capturer la faune.

Partie 3

UTILISATION DE LA LUMIÈRE ET DES CONDITIONS MÉTÉO

La lumière et la météo influencent directement l'observation et la photographie animalière.

Savoir les utiliser permet d'améliorer la visibilité des indices, de repérer les animaux plus facilement et d'obtenir des clichés de meilleure qualité.

1. L'IMPACT DE LA LUMIÈRE SUR LE PISTAGE

A. LUMIÈRE RASANTE DU MATIN ET DU SOIR

Les premières heures du jour et la fin d'après-midi sont les moments les plus propices pour observer les animaux et leurs traces.

- ✅ **Meilleure visibilité des empreintes**
    L'ombre projetée par la lumière rasante accentue les reliefs sur le sol (empreintes, coulées, griffures).
- ✅ **Faune plus active**
    Beaucoup d'animaux sortent aux heures fraîches (cerfs, renards, sangliers).
- ✅ **Moins de perturbations**
    Moins de passage humain et d'activités bruyantes.

🔍 **Conseil pour le photographe**

Chercher des empreintes sur du sable, de la boue ou de la neige en lumière rasante.

Se positionner en contre-jour pour faire ressortir les reliefs et textures des traces.

B. LUMIÈRE DU MILIEU DE JOURNÉE

Le soleil haut dans le ciel écrase les ombres et réduit les contrastes.

Indices plus difficiles à voir
La lumière forte aplatit les reliefs, rendant les empreintes moins visibles.

Faune plus discrète
Beaucoup d'animaux se cachent pour éviter la chaleur et les prédateurs.

🔍 **Conseil pour le photographe**
Privilégier les zones ombragées (sous-bois, lisières) pour traquer les indices.

C. PÉRIODE NOCTURNE ET CRÉPUSCULAIRE

✅ **Observation facilitée avec une lampe (poche ou frontale)**
Les empreintes et crottes ressortent avec un éclairage latéral.

✅ **Photographie possible avec des pièges photo**
Pour capturer la faune sans la déranger.

🔍 **Conseil pour le photographe**
Utiliser des lampes à lumière rouge pour ne pas effrayer les animaux.

Installer des caméras infrarouges ou thermiques pour suivre l'activité nocturne.

2. L'INFLUENCE DES CONDITIONS MÉTÉO SUR LA RECHERCHE D'INDICES

La météo modifie la visibilité des traces et les habitudes des animaux.

A. APRÈS LA PLUIE

🌧 Un sol humide conserve mieux les empreintes
   Idéal pour repérer des traces fraîches.

🌿 Les gouttes sur les herbes indiquent des passages récents
   Un animal qui traverse une végétation mouillée laisse une traînée sèche.

🔍 **Conseil pour le photographe**
Photographier les empreintes dans la boue avant qu'elles ne s'effacent.

Observer les marques de frottement sur les troncs, souvent accentuées après la pluie.

B. EN HIVER ET SUR LA NEIGE

❄ Traces bien marquées
La neige conserve fidèlement les empreintes.

🔥 Activité animale plus concentrée
Les animaux cherchent plus activement leur nourriture, facilitant leur observation.

🔍 Conseil pour le photographe
Suivre les pistes dans la neige pour identifier les habitudes des animaux.

Photographier les empreintes avec un éclairage rasant pour accentuer les reliefs.

C. PAR TEMPS SEC ET CHAUD

🌱 Traces plus difficiles à observer
Sol dur, moins d'empreintes visibles.

💧 Les animaux cherchent l'eau
Les points d'eau deviennent des lieux clés d'observation.

🔍 Conseil pour le photographe
Se concentrer sur les signes secondaires : excréments, poils, plumes.

Prendre en compte la distorsion de l'air chaud qui peut affecter la netteté des images.

D. PAR GRAND VENT

🌿 Les animaux se déplacent moins
Ils évitent d'être détectés par les prédateurs.

🦉 Les rapaces profitent des courants
Excellente période pour observer les oiseaux de proie.

🔍 Conseil pour le photographe
Se positionner dans des zones abritées (lisières, vallées) où la faune se regroupe.

Observer les indices moins sensibles au vent comme les frottements et les restes alimentaires.

3. ADAPTER SA STRATÉGIE D'OBSERVATION ET DE PHOTOGRAPHIE SELON LA LUMIÈRE ET LA MÉTÉO

📌 Matin et soir
    Observer les empreintes et la faune active.

📌 Après la pluie
    Rechercher les traces fraîches et les passages marqués.

📌 En hiver
    Suivre les empreintes dans la neige et se focaliser sur les comportements de survie.

📌 Par forte chaleur
    Se positionner près des points d'eau pour photographier les animaux venant s'abreuver.

📌 Par grand vent
    Observer les oiseaux et chercher des refuges naturels pour la faune.

4. EXERCICES PRATIQUES SUR LE TERRAIN

🎯 Observer une zone à différents moments de la journée et noter les différences de visibilité des indices.

📷 Photographier les mêmes empreintes sous différentes lumières et comparer les résultats.

🔦 Faire un repérage nocturne avec une lampe frontale pour découvrir la faune active la nuit.

🗺️ Créer une carte des conditions idéales pour chaque type d'indice (empreintes, frottis, crottes…).

CONCLUSION

Lumière et météo influencent non seulement la présence des animaux, mais aussi la manière dont leurs indices apparaissent.

Savoir exploiter ces éléments permet d'améliorer ses observations et ses photographies tout en augmentant ses chances de capturer des moments uniques de la faune sauvage.

Partie 4

TECHNIQUE PHOTO ET OBSERVATION

Dans cette section, nous allons détailler le matériel essentiel pour l'observation et la photographie animalière, en mettant l'accent sur les équipements les plus adaptés à la recherche d'indices et à l'affût des animaux.

1. MATÉRIEL ADAPTÉ À L'OBSERVATION

Avant de capturer une image, il faut savoir observer. Voici les outils qui facilitent la détection et l'analyse des indices et de la faune.

A. JUMELLES ET LONGUES-VUES

Les jumelles et les longues-vues sont indispensables pour repérer les animaux à distance et analyser leur comportement.

✅ **Jumelles** (8x42 ou 10x50)
   Bon compromis entre grossissement et luminosité.

✅ **Longues-vues** (20-60x)
   Parfaites pour observer sans déranger, notamment les oiseaux.

🔍 **Critères de choix**
Diamètre d'objectif : Plus il est grand, plus il capte de lumière (utile en faible luminosité).

Traitement optique : Verres traités anti-reflets pour une meilleure netteté.

Étanchéité : Utile en conditions humides.

> **ASTUCE**
>
> Une longue-vue montée sur trépied stabilise l'image et permet une observation prolongée.

B. LAMPE FRONTALE ET TORCHE

L'éclairage est indispensable pour les observations nocturnes et l'analyse des empreintes dans des zones sombres.

✅ **Lampe frontale avec mode lumière rouge**   Pour ne pas effrayer la faune.

✅ **Torche LED puissante**   Pour éclairer les indices sur le terrain.

> **ASTUCE**
>
> Une lampe avec faisceau réglable permet d'adapter l'éclairage à la situation (large pour observer, concentré pour analyser un indice).

C. CARNET DE TERRAIN ET GPS

Un bon naturaliste prend des notes et cartographie ses observations.

✅ **Carnet de terrain waterproof**   Pour noter les indices et les comportements observés.

✅ **Application GPS (ViewRanger, iNaturalist)**   Pour marquer les spots intéressants.

> **ASTUCE**
>
> Un crayon à papier fonctionne mieux qu'un stylo en conditions humides.

D. CAMÉRA PIÈGE

Idéale pour observer les animaux discrets et nocturnes sans les déranger.

✅ **Capteur infrarouge**   Détecte les mouvements dans le noir.

✅ **Autonomie longue durée**   Fonctionne plusieurs semaines en forêt.

> **ASTUCE**
>
> Placer la caméra à hauteur du passage des animaux, sur un arbre ou un tronc tombé.

2. MATÉRIEL PHOTOGRAPHIQUE POUR LA FAUNE ET LES INDICES

Un bon photographe animalier sait adapter son matériel en fonction du sujet (traces ou animaux).

A. APPAREIL PHOTO ET OBJECTIFS

1. Type d'appareil
- ✅ **Reflex ou hybride**
    Qualité d'image supérieure, gestion du bruit en basse lumière.

- ✅ **Bridge**
    Moins encombrant, zoom puissant, mais capteur plus petit.

- ✅ **Compact expert**
    Léger et discret pour la randonnée, mais zoom limité.

2. **Objectifs recommandés**
   - 📌 **Téléobjectif** (200mm à 600mm)
     Idéal pour capturer la faune à distance sans déranger.

   - 📌 **Macro** (50mm à 100mm)
     Parfait pour les détails d'empreintes, plumes, insectes.

   - 📌 **Grand-angle** (16mm à 35mm)
     Pour des paysages intégrant l'environnement animalier.

> **ASTUCE**
> Un zoom 100-400mm est un bon compromis entre portée et polyvalence.

B. ACCESSOIRES INDISPENSABLES

📌 **Trépied ou monopode**
Stabilisation essentielle pour éviter le flou à longue focale.

📌 **Déclencheur à distance**
Permet de prendre des photos sans bouger l'appareil.

📌 **Filtre polarisant**
Réduit les reflets sur l'eau et améliore les contrastes.

📌 **Sac photo étanche**
Protéger le matériel en milieu humide.

> **ASTUCE**
> Une housse camouflage sur le trépied réduit les reflets et l'intrusion visuelle.

3. ADAPTATION DU MATÉRIEL AUX CONDITIONS DE TERRAIN

A. EN FORÊT ET SOUS-BOIS

- ✅ **Objectif lumineux (f/2.8 ou f/4)**
  Pour capter un maximum de lumière.

- ✅ **ISO élevé (800 à 3200)**
  Compense le manque de lumière naturelle.

- ✅ **Trépied recommandé**
  Pour stabiliser les prises de vue.

> **ASTUCE**
>
> Chercher des clairières et lisières où la lumière est plus abondante.

B. EN PLAINE ET EN PRAIRIE

✅ **Téléobjectif 300mm à 600mm**
   Pour photographier les animaux à distance.

✅ **Utilisation d'un affût**
   Rester discret et attendre que la faune approche.

> **ASTUCE**
>
> Privilégier les heures dorées du matin et du soir pour des couleurs plus douces.

C. EN MONTAGNE ET MILIEUX ESCARPÉS

✅ **Matériel léger**
   Prioriser un zoom polyvalent pour limiter le poids.

✅ **Stabilisation d'image**
   Essentielle pour éviter le flou en conditions venteuses.

✅ **Batteries de rechange**
   Le froid réduit leur autonomie.

> **ASTUCE**
>
> Utiliser un monopode pour plus de mobilité en terrain accidenté.

D. EN MILIEU AQUATIQUE ET HUMIDE

✅ **Sac étanche**
   Protéger l'appareil de l'humidité.

✅ **Boîtier tropicalisé**
   Résiste mieux aux conditions extrêmes.

✅ **Filtre UV**
   Protège l'objectif des éclaboussures.

> **ASTUCE**
>
> Se positionner au ras de l'eau pour obtenir un effet immersif.

4. EXERCICES PRATIQUES POUR MAÎTRISER LE MATÉRIEL

🎯 **Test de jumelles et longues-vues**
Repérer et suivre un oiseau ou un mammifère en mouvement.

📷 **Expérimentation des objectifs**
Photographier le même indice avec un macro, un téléobjectif et un grand-angle pour comparer les rendus.

🏕️ **Utilisation d'un affût**
Tester la patience et l'approche discrète.

🔦 **Observation nocturne**
Identifier des indices à la lampe frontale et tester les réglages en basse lumière.

CONCLUSION

Un bon photographe naturaliste doit choisir son matériel en fonction du terrain et des conditions lumineuses.

Que ce soit pour observer, analyser ou photographier, l'équipement adapté fait la différence entre une simple sortie et une véritable immersion dans la nature.

Partie 5

TECHNIQUES D'APPROCHE ET DE DISCRÉTION

L'observation et la photographie animalière nécessitent une approche discrète pour éviter d'effrayer la faune.

Connaître les bonnes techniques permet d'augmenter ses chances d'observer et capturer des images uniques.

1. COMPRENDRE LE COMPORTEMENT ANIMAL POUR MIEUX APPROCHER

Avant d'entamer une approche, il est essentiel de comprendre l'animal ciblé :

✅ **Rythme de vie** : Diurne, nocturne, crépusculaire ?

✅ **Alimentation et lieux de nourrissage** : Où et quand l'animal cherche-t-il sa nourriture ?

✅ **Sens développés** : Vision, ouïe, odorat ?

✅ **Réactions face au danger** : S'enfuit-il au moindre bruit ou est-il plus curieux ?

> EXEMPLE
>
> : Le chevreuil a une excellente ouïe et un odorat très développé, mais sa vue est moins bonne pour les détails fixes. Il faut donc avancer contre le vent et en évitant les bruits soudains.

2. LA RÈGLE DES TROIS SENS : VUE, OUÏE, ODORAT

Les animaux détectent le danger grâce à leurs trois sens principaux. Pour être efficace, il faut minimiser son impact sur chacun d'eux.

A. LA VUE ÉVITER D'ÊTRE REPÉRÉ

✅ **Porter des vêtements adaptés** : Tons naturels ou camouflés.

✅ **Éviter les mouvements brusques** : Avancer lentement et progressivement.

✅ **Utiliser le terrain à son avantage** : Se déplacer derrière des haies, des troncs ou en contrebas.

✅ **Baisser sa silhouette** : Se fondre dans le paysage en s'accroupissant ou en rampant si nécessaire.

> **ASTUCE**
>
> Regarder l'animal du coin de l'œil plutôt que directement. Un regard frontal peut être perçu comme une menace.

B. L'OUÏE
SE DÉPLACER SILENCIEUSEMENT

✅ **Avancer lentement** : Pas après pas, en posant d'abord la pointe du pied puis le talon.

✅ **Éviter les vêtements bruyants** : Pas de tissu synthétique froissant.

✅ **Prendre en compte le sol** : Marcher sur l'herbe plutôt que sur des feuilles mortes.

✅ **Profiter des bruits ambiants** : Se déplacer pendant le passage du vent ou d'un bruit naturel (chant d'oiseau, bruissement de ruisseau).

> **ASTUCE**
>
> Faire des pauses fréquentes pour éviter d'être détecté par un mouvement constant.

C. L'ODORAT : RESTER INDÉTECTABLE

✅ **Toujours se positionner face au vent** : Ainsi, l'odeur du photographe ne se dirige pas vers l'animal.

✅ **Éviter les parfums et odeurs fortes** : Pas de déodorant parfumé, après-rasage ou lessive trop odorante.

✅ **Utiliser des vêtements déjà portés sur le terrain** : Pour éviter les odeurs artificielles.

> **ASTUCE**
>
> Observer la direction des feuilles ou de la fumée pour déterminer la direction du vent.

3. MÉTHODES D'APPROCHE SELON LE TERRAIN

A. APPROCHE EN MILIEU FORESTIER

✅ Utiliser les arbres comme couverture : Se déplacer de tronc en tronc.

✅ Avancer sur les parties moussues du sol pour amortir le bruit.

✅ Éviter les branches mortes qui craquent sous le poids.

✅ S'arrêter et observer régulièrement pour éviter d'être détecté en mouvement.

B. APPROCHE EN PLAINE OU PRAIRIE

✅ Profiter des haies et buissons pour masquer sa progression.

✅ Avancer accroupi pour réduire la silhouette visible.

✅ Se déplacer aux heures où la lumière est basse (matin ou soir) pour ne pas projeter d'ombre longue.

C. APPROCHE EN ZONE HUMIDE OU MARAIS

✅ Utiliser des roseaux ou des talus pour se cacher.

✅ Se déplacer très lentement pour éviter de faire des remous dans l'eau.

✅ Prévoir des vêtements imperméables pour pouvoir s'agenouiller dans la boue sans inconfort.

D. APPROCHE EN MONTAGNE

✅ Rester en contrebas des crêtes pour ne pas se silhouetter sur le ciel.

✅ Profiter du relief pour avancer caché derrière des rochers ou des bosses de terrain.

✅ Faire attention aux éboulis pour ne pas faire rouler des pierres qui alertent la faune.

4. TECHNIQUES D'IMMOBILITÉ ET D'ATTENTE (L'AFFÛT)

Quand l'approche directe n'est pas possible, l'affût est la meilleure technique.

A. LES BASES DE L'AFFÛT

✅ **Choisir un bon emplacement** : Près d'une zone de passage ou de nourrissage.

✅ **S'installer tôt et attendre** : Les animaux reviennent plus facilement si tout est calme.

✅ **Ne pas bouger** : La patience est la clé de l'affût.

B. TYPES D'AFFÛT

📌 Affût naturel
Se cacher derrière un tronc, une haie ou une butte de terre.

📌 Affût artificiel (tente camouflage)
Plus confortable, permet d'attendre longtemps sans être vu.

📌 Affût flottant
Idéal pour photographier les oiseaux d'eau sans les déranger.

> **ASTUCE**
>
> Porter des vêtements chauds en hiver, car l'affût demande de l'immobilité prolongée.

5. SAVOIR QUAND INTERROMPRE UNE APPROCHE

Un bon photographe et naturaliste respecte la faune. Il faut savoir s'arrêter si :

🚫 L'animal montre des signes de stress
(oreilles dressées, mouvement nerveux, fuite brutale).

🚫 On s'approche trop de son nid ou de sa tanière
(risque d'abandon des jeunes).

🚫 Le vent tourne et notre odeur est perçue
(mieux vaut reculer et recommencer plus tard).

> **ASTUCE**
>
> Toujours reculer lentement et discrètement si un animal montre des signes d'alerte.

6. EXERCICES D'ENTRAÎNEMENT À L'APPROCHE

🎯 L'exercice du bruit
Marcher sur différents types de sol et identifier les plus silencieux.

🎯 L'exercice de l'ombre
Tester comment son ombre se projette selon la position du soleil et adapter son approche.

🎯 L'exercice du vent
Utiliser une légère fumée (encens, talc, brins d'herbe) pour voir la direction du vent.

🎯 L'exercice d'affût
Rester immobile 30 minutes et observer les changements autour de soi.

CONCLUSION

L'approche et la discrétion sont des compétences essentielles en photographie animalière.
Respecter le silence, le vent et l'environnement permet d'observer les animaux sans perturber leur comportement naturel et d'obtenir des images authentiques et uniques.

Partie 6
PIÈGES PHOTO ET APPLICATIONS LIBRES

L'utilisation de pièges photographiques et d'applications libres est devenue un atout majeur pour l'observation et le suivi de la faune.

Ces outils permettent de collecter des données précieuses sans perturber les animaux et offrent aux photographes naturalistes des moyens supplémentaires pour repérer les espèces et leurs habitudes.

1. LES PIÈGES PHOTOGRAPHIQUES : UN OUTIL D'OBSERVATION DISCRET

Les caméras pièges permettent d'observer la faune sans présence humaine et sur de longues périodes, que ce soit pour détecter des espèces rares ou comprendre leurs déplacements.

A. COMMENT FONCTIONNE UN PIÈGE PHOTO ?

Un piège photo est une caméra autonome, équipée d'un capteur de mouvement infrarouge (PIR) qui déclenche la prise d'images ou de vidéos dès qu'un animal passe devant.

✅ **Détection automatique** L'appareil s'active uniquement en présence de mouvement.

✅ **Vision nocturne** LEDs infrarouges pour capturer des images dans l'obscurité sans effrayer les animaux.

✅ **Résistance aux intempéries**   Fonctionne en extérieur par tous les temps.

✅ **Stockage sur carte SD**   Permet d'enregistrer des jours ou semaines d'images et vidéos.

✅ **Autonomie longue durée**   Fonctionne avec des piles ou une batterie rechargeable.

> **ASTUCE**
>
> Certains modèles sont équipés d'un module GSM ou Wi-Fi, permettant d'envoyer des photos en direct sur un smartphone ou un serveur.

B. OÙ ET COMMENT PLACER UN PIÈGE PHOTO ?

Pour maximiser les chances de capturer de bonnes images, il faut choisir un emplacement stratégique :

📍 **Près des sentiers et passages fréquents** : Lisières de forêts, chemins d'animaux, points d'eau.

📍 **À hauteur adaptée** : Environ 50 cm à 1 m du sol selon la taille de l'animal ciblé.

📍 **Orienté face aux déplacements** : Pour éviter les déclenchements tardifs.

📍 **Bien camouflé** : Utiliser des feuillages ou un camouflage naturel.

> **ASTUCE**
>
> Tester le piège en passant devant pour vérifier l'angle et la sensibilité du capteur.

C. AVANTAGES ET LIMITES DES PIÈGES PHOTO

✅ **Avantages**
- ✓ Permet d'observer des espèces discrètes ou nocturnes.
- ✓ Fonctionne sans présence humaine.
- ✓ Utile pour étudier les comportements animaux.
- ✓ Peu intrusif pour la faune.

✗ **Limites**
- ✗ Peut capturer des images inutiles (mouvements avec le vent).
- ✗ Dépend des conditions météo (condensation, humidité).
- ✗ Peut être volé ou endommagé en milieu public.

> **ASTUCE**
>
> Vérifier régulièrement les réglages et le stockage pour éviter les mauvaises surprises.

2. APPLICATIONS LIBRES POUR LA RECHERCHE D'INDICES ET L'IDENTIFICATION DE LA FAUNE

Les applications mobiles open-source offrent des outils pratiques pour identifier, cartographier et analyser la faune et ses indices.

A. APPLICATIONS LIBRES RECOMMANDÉES

iNaturalist (version open-source Seek by iNaturalist)
✅ Permet d'identifier automatiquement les espèces via l'IA et une base de données collaborative.
✅ Fonctionne sans connexion après téléchargement des données.
✅ Idéal pour les débutants et la science participative.

MammalWeb
✅ Projet de science participative pour partager des images de pièges photo et aider à identifier les espèces capturées.
✅ Interface simple et accès aux observations de la communauté.

ObsMapp (connecté à Observation.org)
✅ Permet d'enregistrer des observations naturalistes avec localisation GPS.
✅ Pratique pour noter les indices (empreintes, fèces, restes alimentaires) et cartographier les passages d'animaux.

QField for QGIS
✅ Permet d'analyser et cartographier les traces animales en utilisant des cartes personnalisées.
✅ Utile pour les photographes souhaitant planifier leurs sorties en fonction des habitats et des relevés antérieurs.

OpenTracks
✅ Application open-source pour enregistrer les trajets et observations sur le terrain avec un GPS.
✅ Permet de suivre ses déplacements et créer une carte des zones de recherche.

B. INTÉGRER LES APPLICATIONS DANS UNE SORTIE PHOTO

💡 **Exemple d'utilisation concrète :**
📌 *Avant la sortie*   Télécharger les cartes et espèces locales sur QField et ObsMapp.
📌 *Sur le terrain*   Utiliser Seek by iNaturalist pour identifier rapidement un indice ou une empreinte.
📌 *Après la sortie*   Analyser les données avec MammalWeb et partager les observations.

3. CAS PRATIQUE : COMBINER PIÈGES PHOTO ET APPLICATIONS

Étape 1 : Déploiement du piège photo
    Identifier un passage fréquenté (chemin, point d'eau).
    Placer la caméra à hauteur adaptée.
    Régler la sensibilité du capteur pour éviter les déclenchements inutiles.

Étape 2 : Collecte et analyse des images
    Récupérer la carte SD et transférer les fichiers.
    Charger les images dans MammalWeb pour identification participative.
    Utiliser Seek by iNaturalist pour valider les espèces.

Étape 3 : Création d'une carte des passages
    Enregistrer les observations dans ObsMapp.
    Associer les données avec QField pour une cartographie détaillée.
    Planifier une prochaine sortie en fonction des données collectées.

CONCLUSION

L'association des pièges photographiques et des applications libres permet une observation plus efficace et une meilleure compréhension des habitudes animales.

Les photographes peuvent ainsi améliorer leur approche, prévoir leurs sorties et maximiser leurs chances de capturer des images spectaculaires tout en contribuant à la science participative.

CONCLUSION
DE LA THÉORIE À LA PRATIQUE, UNE IMMERSION AU CŒUR DE LA NATURE

L'apprentissage des traces et indices de la faune est une porte d'entrée fascinante vers le monde sauvage.

Comprendre comment repérer et analyser les empreintes, fèces, restes alimentaires, habitats et autres signes de présence animale permet de développer un regard affûté sur la nature, tout en affinant ses techniques d'approche et d'observation.

Mais la théorie seule ne suffit pas : c'est sur le terrain que tout prend vie.

1. SORTIE TERRAIN : EXPLORER ET DÉCRYPTER

L'objectif de la sortie est d'expérimenter concrètement les notions abordées en recherchant des traces, en les identifiant et en tentant d'établir un portrait de la faune locale.

✅ **Observation des habitats** :
Reconnaitre les milieux propices aux différentes espèces.

✅ **Identification des passages** :
Étudier les chemins empruntés par les animaux.

✅ **Relevé des indices** :
Empreintes, fèces, restes alimentaires, poils, plumes…

✅ **Utilisation des applications libres** :
Cartographier et analyser les découvertes.

✅ **Expérimentation des techniques d'approche** :
Tester le déplacement silencieux et l'affût.

✅ **Installation d'un piège photo (si possible)** :
Pour tenter d'obtenir des images de la faune locale.

> **ASTUCE**
>
> Noter chaque indice trouvé et émettre des hypothèses sur les espèces et leurs comportements.

2. ANALYSE ET BILAN DES DÉCOUVERTES

Une fois les indices collectés, l'analyse permet d'interpréter les données et d'affiner la compréhension de l'écosystème.

📌 Quelles espèces ont été détectées ?
   Comparaison avec les guides et applications

📌 Quels comportements ont été observés ?
   Déplacements, alimentation, marquage territorial…

📌 Quelles conclusions tirer sur la biodiversité du site ?

📌 Quelles améliorations pour la prochaine sortie ?

💡 **Exemple de bilan :**

👉 Nous avons repéré plusieurs empreintes de chevreuil et un gîte dans une clairière à l'abri du vent.

Les crottes fraîches indiquent un passage récent.

Le piège photo révèlera peut-être d'autres visiteurs nocturnes…

L'objectif est de croiser les indices pour tenter de reconstituer une histoire cohérente de la faune locale.

3. UNE APPROCHE RESPONSABLE ET ÉTHIQUE

Observer la faune est un privilège qui implique des responsabilités. La nature n'est pas un décor figé, mais un espace fragile où chaque perturbation peut impacter les animaux.

A. RESPECTER LA FAUNE ET SON ENVIRONNEMENT

✅ **Ne pas déranger les animaux** :
   Éviter les nids, tanières et zones de repos.

✅ **Minimiser son impact** :
   Rester discret, ne pas laisser de traces.

✅ **Éviter de nourrir la faune** :
   Cela modifie leur comportement naturel.

💡 **Règle d'or** : Si un animal change son comportement à cause de notre présence, c'est que nous sommes trop proches.

B. ADOPTER UNE ÉTHIQUE EN PHOTOGRAPHIE ANIMALIÈRE

✅ Privilégier l'observation plutôt que la performance photo.

✅ Ne pas stresser un animal juste pour obtenir une meilleure image.

✅ Préserver la tranquillité des sites naturels (éviter le bruit, les mouvements brusques).

✅ Pratiquer une approche respectueuse en utilisant des méthodes d'affût et d'attente.

💡 *Un bon photographe est avant tout un observateur patient et respectueux.*

C. CONTRIBUER À LA PROTECTION DE LA FAUNE

📌 Partager ses observations de manière responsable (éviter de géolocaliser certaines espèces sensibles).

📌 Sensibiliser son entourage à l'importance des traces et indices.

📌 Participer à des projets de science participative pour améliorer les connaissances sur la faune locale.

💡 Chaque sortie est une opportunité d'apprendre, de transmettre et de protéger.

4. VERS DE NOUVELLES EXPLORATIONS...

Chaque sortie est unique, chaque indice raconte une histoire.

Ce guide n'est qu'un point de départ : c'est l'expérience sur le terrain qui fera de vous un observateur aguerri, capable de décrypter la vie sauvage avec précision.

La nature est un livre ouvert où chaque trace, chaque plume, chaque empreinte est une page à lire.

Alors, à vos carnets, appareils photo et jumelles... et que l'exploration commence !

MERCI !

Ce livre est bien plus qu'un simple guide : c'est le reflet de ma passion pour la nature, le pistage et la photographie animalière.

Depuis des années, j'arpente les sentiers, l'œil aux aguets, à la recherche des moindres indices laissés par la faune sauvage.

Mon souhait, à travers ces pages, est de partager avec vous cette fascination et de vous offrir les clés pour, à votre tour, observer, comprendre et capturer ces instants furtifs.

Un immense merci à tous ceux qui m'ont soutenu dans ce projet : famille, amis, collègues et passionnés qui ont partagé leurs connaissances et leur enthousiasme.

Votre confiance et vos encouragements ont été une source d'inspiration précieuse.

Enfin, merci à vous, lecteurs, qui prenez le temps d'explorer ce guide. Que votre regard sur la nature s'aiguise, que vos randonnées se transforment en aventures et que vos photos racontent les plus belles histoires.

Bonne exploration et belles rencontres sauvages !